FULL SCORE

WSJ-18-019
＜吹奏楽J-POP楽譜＞

シンデレラガール

佐々木 望、河田総一郎　作曲
郷間幹男　編曲

楽器編成表		
木管楽器	金管・弦楽器	打楽器・その他
Piccolo	B♭ Trumpet 1	Drums
Flutes 1 (& *2)	B♭ Trumpet 2	_*Timpani_
*Oboe	_*B♭ Trumpet 3_	Percussion 1
*Bassoon	F Horns 1 (& *2)	...Sus.Cymbal
*E♭ Clarinet	F Horns 3 (& *4)	_*Percussion 2_
B♭ Clarinet 1	Trombone 1	_...Wind Chime,Tambourine_
B♭ Clarinet 2	Trombone 2	Percussion 3
*B♭ Clarinet 3	_*Trombone 3_	...Glockenspiel,Xylophone
*Alto Clarinet	Euphonium	
Bass Clarinet	Tuba	
Alto Saxophone 1	Electric Bass	Full Score
*Alto Saxophone 2	(String Bass) ※パート譜のみ	
Tenor Saxophone		
Baritone Saxophone		

＊イタリック表記の楽譜はオプション

Winds Score
Spielen Musik.

WindsScore
Spielen Musik.

ドラマ「花のち晴れ〜花男 Next Season〜」主題歌

シンデレラガール

佐々木　望 / 河田総一郎　作曲
郷間幹男　編曲

9
A
Picc.
Fl.1,(*2)
*Ob.
*Bsn.
*E♭ Cl.
Cl.1
Cl.2
*Cl.3
*A.Cl.
B.Cl.
A.Sax.1
*A.Sax.2
T.Sax.
B.Sax.
Trp.1
Trp.2
*Trp.3
Hrn.1,(*2)
Hrn.3,(*4)
a2
Trb.1
Trb.2
*Trb.3
Euph.
Tub.
Fm7 A♭/E♭ D♭add9 E♭7sus4 Cm7 Fm7 A♭/E♭ D♭add9 E♭7sus4
E.B.
Drms.
*Timp.
Perc.1
(S.Cymb.)
*Perc.2
(Tamb.)
Tamb.
Glock.
Perc.3
(Glock.)

16
B
Picc.
Fl.1,(*2)
a2
*Ob.
*Bsn.
*E♭ Cl.
Cl.1
Cl.2
*Cl.3
*A.Cl.
B.Cl.
A.Sax.1
*A.Sax.2
T.Sax.
B.Sax.
B
Trp.1
Trp.2
*Trp.3
Hrn.1,(*2)
Hrn.3,(*4)
Trb.1
Trb.2
*Trb.3
Euph.
Tub.
Cm7
Fm7
A♭/E♭
D♭add9
E♭7sus4
Cm7
Fm7
A♭/E♭
D♭add9
E.B.
B
Drms.
*Timp.
Perc.1
(S.Cymb.)
*Perc.2
(Tamb.)
Perc.3
(Glock.)

23
C
Picc.
Fl.1,(*2)
*Ob.
*Bsn.
*E♭ Cl.
Cl.1
Cl.2
*Cl.3
*A.Cl.
B.Cl.
A.Sax.1
*A.Sax.2
T.Sax.
B.Sax.
C
Trp.1
Trp.2
*Trp.3
Hrn.1,(*2)
Hrn.3,(*4)
a2
Trb.1
Trb.2
*Trb.3
Euph.
Tub.
E♭7sus4
Cm7
Fm7
A♭/E♭
D♭
E.B.
C
Drms.
*Timp.
Perc.1
(S.Cymb.)
*Perc.2
(Tamb.)
Perc.3
(Glock.)

30
D
Picc.
Fl.1,(*2)
*Ob.
*Bsn.
*E♭ Cl.
Cl.1
Cl.2
*Cl.3
*A.Cl.
B.Cl.
A.Sax.1
*A.Sax.2
T.Sax.
B.Sax.
Trp.1
Trp.2
*Trp.3
Mute
Hrn.1,(*2)
Hrn.3,(*4)
Trb.1
Trb.2
*Trb.3
Euph.
Tub.
E.B.
D♭ E♭7sus4 Cm7 Fm7 A♭/E♭ D♭ E♭7sus4 Cm7
Drms.
*Timp.
Perc.1 (S.Cymb.)
*Perc.2 (W.Chime)
W.Chime
Perc.3 (Glock.)
mf
mp

37
E
1.
Picc.
Fl.1,(*2)
a2
*Ob.
*Bsn.
*E♭ Cl.
Cl.1
Cl.2
*Cl.3
*A.Cl.
B.Cl.
A.Sax.1
*A.Sax.2
T.Sax.
B.Sax.
Open
Trp.1
Trp.2
*Trp.3
Hrn.1,(*2)
Hrn.3,(*4)
Trb.1
Trb.2
*Trb.3
Euph.
Tub.
Fm7 A♭/E♭ D♭ E♭7sus4 Cm7 Fm7 A♭/E♭ D♭add9
E.B.
Drms.
*Timp.
Perc.1
(S.Cymb.)
Tamb.
*Perc.2
(Tamb.)
Xylo.
Perc.3
(Xylo.)

44
Picc.
Fl.1,(*2)
*Ob.
*Bsn.
*E♭ Cl.
Cl.1
Cl.2
*Cl.3
*A.Cl.
B.Cl.
A.Sax.1
*A.Sax.2
T.Sax.
B.Sax.
Trp.1
Trp.2
*Trp.3
Hrn.1,(*2)
Hrn.3,(*4)
Trb.1
Trb.2
*Trb.3
Euph.
Tub.
E♭7sus4 Cm7 Fm7 A♭/E♭ D♭add9 E♭7sus4 Cm7 Fm7 A♭/E♭
E.B.
Drms.
*Timp.
Perc.1
(S.Cymb.)
*Perc.2
(Tamb.)
Perc.3
(Glock.)

51
2.
F
Picc.
Fl.1,(*2)
*Ob.
*Bsn.
*E♭ Cl.
Cl.1
Cl.2
*Cl.3
*A.Cl.
B.Cl.
A.Sax.1
*A.Sax.2
T.Sax.
B.Sax.
Trp.1
Trp.2
*Trp.3
Hrn.1,(*2)
Hrn.3,(*4)
Trb.1
Trb.2
*Trb.3
Euph.
Tub.
E.B.
Fm7
A♭/E♭
D♭
E♭7
Cm7
Drms.
*Timp.
Perc.1
(S.Cymb.)
W.Chime
*Perc.2
(W.Chime)
Perc.3
(Xylo.)

58
G
Picc.
Fl.1,(*2)
*Ob.
*Bsn.
*E♭ Cl.
Cl.1
Cl.2
*Cl.3
*A.Cl.
B.Cl.
A.Sax.1
*A.Sax.2
T.Sax.
B.Sax.
Trp.1
Trp.2
*Trp.3
Hrn.1,(*2)
Hrn.3,(*4)
Trb.1
Trb.2
*Trb.3
Euph.
Tub.
E.B.
Cm7
Fm7
A♭/E♭
Cm7
D♭add9
A♭/C
B♭m7
A♭
Drms.
*Timp.
Perc.1
(S.Cymb.)
*Perc.2
(Tamb.)
Tamb.
Glock.
Perc.3
(Glock.)

65
Picc.
Fl.1,(*2)
*Ob.
*Bsn.
*E♭ Cl.
Cl.1
Cl.2
*Cl.3
*A.Cl.
B.Cl.
A.Sax.1
*A.Sax.2
T.Sax.
B.Sax.
Trp.1
Trp.2
*Trp.3
Hrn.1,(*2)
Hrn.3,(*4)
Trb.1
Trb.2
*Trb.3
Euph.
Tub.
E.B.
Drms.
*Timp.
Perc.1 (S.Cymb.)
*Perc.2 (W.Chime)
Perc.3 (Glock.)
Opt.
Solo or Soli
H
D♭
A♭/C
B♭m7
Csus4
C
W.Chime

72
Picc.
Fl.1,(*2)
*Ob.
*Bsn.
*E♭ Cl.
Cl.1
Cl.2
*Cl.3
*A.Cl.
B.Cl.
A.Sax.1
*A.Sax.2
T.Sax.
B.Sax.
Trp.1
Trp.2
*Trp.3
Hrn.1,(*2)
Hrn.3,(*4)
Trb.1
Trb.2
*Trb.3
Euph.
Tub.
E.B.
Drms.
*Timp.
Perc.1
(S.Cymb.)
*Perc.2
(W.Chime)
Perc.3
(Glock.)
Solo or Soli
Opt.
Solo or Soli
Solo or Soli
Opt.
Solo or Soli
a2
a2
Opt.
cresc.
mp
mf
p
D♭add9
E♭7sus4
Cm7
Fm7
A♭/E♭

79
I
Picc.
Fl.1,(*2)
a2
*Ob.
tutti
*Bsn.
*E♭ Cl.
Cl.1
Cl.2
*Cl.3
*A.Cl.
B.Cl.
A.Sax.1
tutti
*A.Sax.2
T.Sax.
B.Sax.
I
Trp.1
Trp.2
*Trp.3
Hrn.1,(*2)
Hrn.3,(*4)
Trb.1
Trb.2
*Trb.3
Euph.
Tub.
Fm7/E♭
D♭add9
E♭7sus4
Cm7
Fm7
A♭/E♭
D♭add9
E♭7sus4
E.B.
I
Drms.
*Timp.
Perc.1
(S.Cymb.)
Tamb.
*Perc.2
(Tamb.)
Perc.3
(Glock.)

86
J
Picc.
Fl.1,(*2)
*Ob.
*Bsn.
*E♭ Cl.
Cl.1
Cl.2
*Cl.3
*A.Cl.
B.Cl.
A.Sax.1
*A.Sax.2
T.Sax.
B.Sax.
J
Trp.1
Trp.2
*Trp.3
Hrn.1,(*2)
Hrn.3,(*4)
Trb.1
Trb.2
*Trb.3
Euph.
Tub.
Cm7
Fm7
A♭/E♭
D♭add9
E♭7sus4
Cm7
Fm7
A♭/E♭
D♭add9
E.B.
J
Drms.
*Timp.
Perc.1
(S.Cymb.)
*Perc.2
(Tamb.)
Perc.3
(Glock.)

93
K
Picc.
Fl.1,(*2)
*Ob.
*Bsn.
*E♭ Cl.
Cl.1
Cl.2
*Cl.3
*A.Cl.
B.Cl.
A.Sax.1
*A.Sax.2
T.Sax.
B.Sax.
Trp.1
Trp.2
*Trp.3
Hrn.1,(*2)
Hrn.3,(*4)
Trb.1
Trb.2
*Trb.3
Euph.
Tub.
E.B.
E♭7sus4 Cm7 Fm7 A♭/E♭ D♭add9 E♭7sus4 Cm7 Fm7 A♭/E♭
Drms.
*Timp.
Perc.1
(S.Cymb.)
*Perc.2
(Tamb.)
Perc.3
(Glock.)
a2

100
Picc.
Fl.1,(*2)
*Ob.
*Bsn.
*E♭ Cl.
Cl.1
Cl.2
*Cl.3
*A.Cl.
B.Cl.
A.Sax.1
*A.Sax.2
T.Sax.
B.Sax.
Trp.1
Trp.2
*Trp.3
Hrn.1,(*2)
Hrn.3,(*4)
Trb.1
Trb.2
*Trb.3
Euph.
Tub.
E.B.
Drms.
*Timp.
Perc.1
(S.Cymb.)
*Perc.2
(Tamb.)
Perc.3
(Glock.)
a2
D♭add9
E♭7sus4
Cm7
Fm7
A♭/E♭
D♭add9
A♭
mp
f
p
secco

WindsScore
Spielen Musik.

ご注文について

ウィンズスコアの商品は全国の楽器店、ならびに書店にてお求めになれますが、店頭でのご購入が困難な場合、当社PC&モバイルサイト・FAX・電話からのご注文で、直接ご購入が可能です。

◎当社PCサイトでのご注文方法

http://www.winds-score.com

上記のURLへアクセスし、WEBショップにてご注文ください。

◎FAXでのご注文方法

FAX.03-6809-0594

24時間、ご注文を承ります。当社サイトよりFAXご注文用紙をダウンロードし、
印刷、ご記入の上ご送信ください。

◎電話でのご注文方法

TEL.0120-713-771

営業時間内にお電話いただければ、電話にてご注文を承ります。

◎モバイルサイトでのご注文方法

右のQRコードを読み取ってアクセスいただくか、
URLを直接ご入力ください。

ドラマ「花のち晴れ〜花男 Next Season〜」主題歌

シンデレラガール

佐々木 望 / 河田総一郎 作曲
郷間幹男 編曲

2.
F
8
G
f
Opt.
Solo or Soli
H
mp
cresc.
I
J
K

ドラマ「花のち晴れ～花男 Next Season～」主題歌

シンデレラガール

佐々木 望 / 河田総一郎 作曲
郷間幹男 編曲

2.
51
F
mf
57
G
f
62
67
Solo or Soli
H
mp
72
77
cresc.
a2
f
I
82
87
J
f
92
K
f
97
a2
102
a2
mp

ドラマ「花のち晴れ～花男 Next Season～」主題歌

シンデレラガール

佐々木　望 / 河田総一郎　作曲
郷間幹男　編曲

55
61
G
66
71
H
Solo or Soli
mp
77
cresc.
tutti
f
I
82
87
f
J
92
f
K
97
102
mp

ドラマ「花のち晴れ〜花男 Next Season〜」主題歌

シンデレラガール

佐々木　望 / 河田総一郎　作曲
郷間幹男　編曲

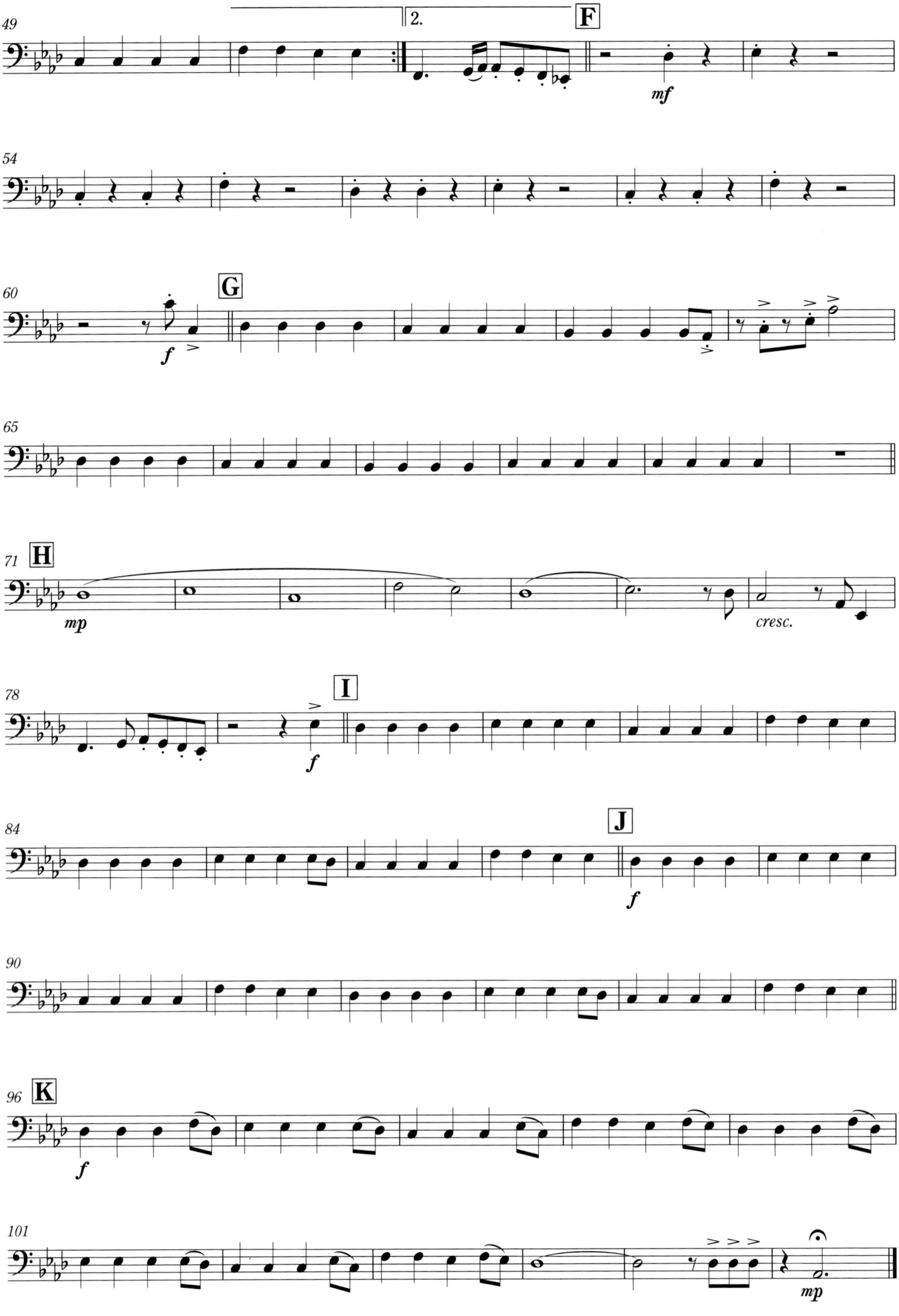
49
2.
F
mf
54
60
G
f
65
71
H
mp
cresc.
78
I
f
84
J
f
90
96
K
f
101
mp

WindsScore
Spielen Musik.

ドラマ「花のち晴れ～花男 Next Season～」主題歌

シンデレラガール

佐々木　望 / 河田総一郎　作曲
郷間幹男　編曲

51
2.
F
8
f
G
63
68
H
8
f
80
I
85
J
f
90
95
K
f
101
mp

ドラマ「花のち晴れ〜花男 Next Season〜」主題歌

シンデレラガール

佐々木　望 / 河田総一郎　作曲
郷間幹男　編曲

51
2.
F
mf
56
f
61
G
66
71
H
Opt.
Solo or Soli
mp
mp
77
cresc.
I
f
82
87
J
f
92
96
K
f
101
mp

ドラマ「花のち晴れ～花男 Next Season～」主題歌

シンデレラガール

佐々木　望 / 河田総一郎　作曲
郷間幹男　編曲

51
2.
F
mf
57
G
f
62
67
H
mp
73
cresc.
f
80
I
85
J
f
91
96
K
f
101
mp

ドラマ「花のち晴れ～花男 Next Season～」主題歌

シンデレラガール

佐々木　望 / 河田総一郎　作曲
郷間幹男　編曲

51
2.
F
mf
57
G
f
62
67
H
mp
73
cresc.
f
80
I
85
J
f
91
96
K
f
101
mp

WindsScore
Spielen Musik.

ドラマ「花のち晴れ～花男 Next Season～」主題歌

シンデレラガール

佐々木　望 / 河 田 総 一 郎　作 曲
郷 間 幹 男　編 曲

51
2.
F
mf
57
G
f
63
68
H
mp
75
I
cresc.
f
82
88
J
f
95
K
f
101
mp

ドラマ「花のち晴れ～花男 Next Season～」主題歌

シンデレラガール

佐々木　望 / 河田総一郎　作曲
郷間幹男　編曲

49
2.
F
mf
54
60
G
f
65
71
H
mp
cresc.
78
I
f
84
J
f
90
96
K
f
101
mp

Alto Saxophone 1

WindsScore
Spielen Musik.

ドラマ「花のち晴れ～花男 Next Season～」主題歌

シンデレラガール

佐々木　望 / 河田総一郎　作曲
郷間幹男　編曲

2.
F
8
G
H
3
Solo or Soli
mp
tutti
cresc.
I
J
K
f

WindsScore
Spielen Musik.

ドラマ「花のち晴れ～花男 Next Season～」主題歌

シンデレラガール

佐々木　望 / 河田総一郎　作曲
郷間幹男　編曲

46
51
2.
F
8
f
G
63
68
H
3
Opt.
Solo or Soli
mp
75
cresc.
f
I
80
85
J
f
90
95
K
f
101
mp

ドラマ「花のち晴れ～花男 Next Season～」主題歌

シンデレラガール

佐々木　望 / 河田総一郎　作曲
郷間幹男　編曲

51
2.
F
8
f
G
63
68
H
mp
73
3
mf
f
80
I
85
J
f
90
96
K
f
101
mp

WindsScore
Spielen Musik.

ドラマ「花のち晴れ～花男 Next Season～」主題歌

シンデレラガール

佐々木 望 / 河田総一郎 作曲
郷間幹男 編曲

49
2.
F
mf
54
60
G
f
65
71
H
mp
cresc.
78
I
f
84
J
f
90
96
K
f
101
mp

ドラマ「花のち晴れ～花男 Next Season～」主題歌

シンデレラガール

佐々木　望 / 河田総一郎　作曲
郷間幹男　編曲

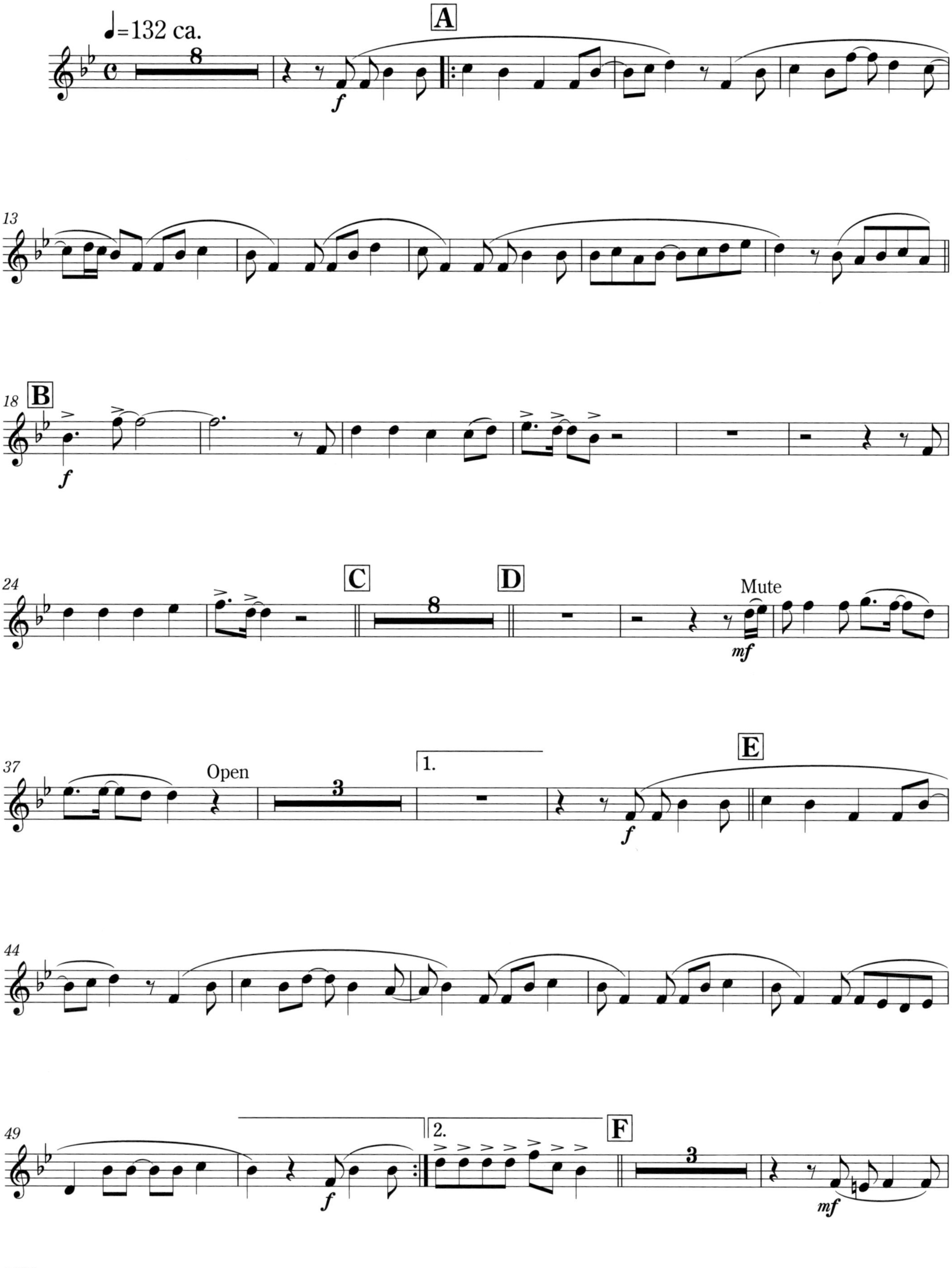

56
G
f
62
f
2
69
H
7
mf
f
80
I
85
J
f
90
95
K
f
101
mp

ドラマ「花のち晴れ〜花男 Next Season〜」主題歌

シンデレラガール

佐々木　望 / 河田総一郎　作曲
郷間幹男　編曲

56
G
f
62
f
2
69
H
7
mf
f
80
I
85
J
f
90
95
K
f
101
mp

ドラマ「花のち晴れ〜花男 Next Season〜」主題歌

シンデレラガール

佐々木　望 / 河田総一郎　作曲
郷間幹男　編曲

56
G
f
62
2
f
69
H
7
mf
f
80
I
85
J
f
90
95
K
f
101
mp

ドラマ「花のち晴れ〜花男 Next Season〜」主題歌

シンデレラガール

佐々木　望 / 河田総一郎　作曲
郷間幹男　編曲

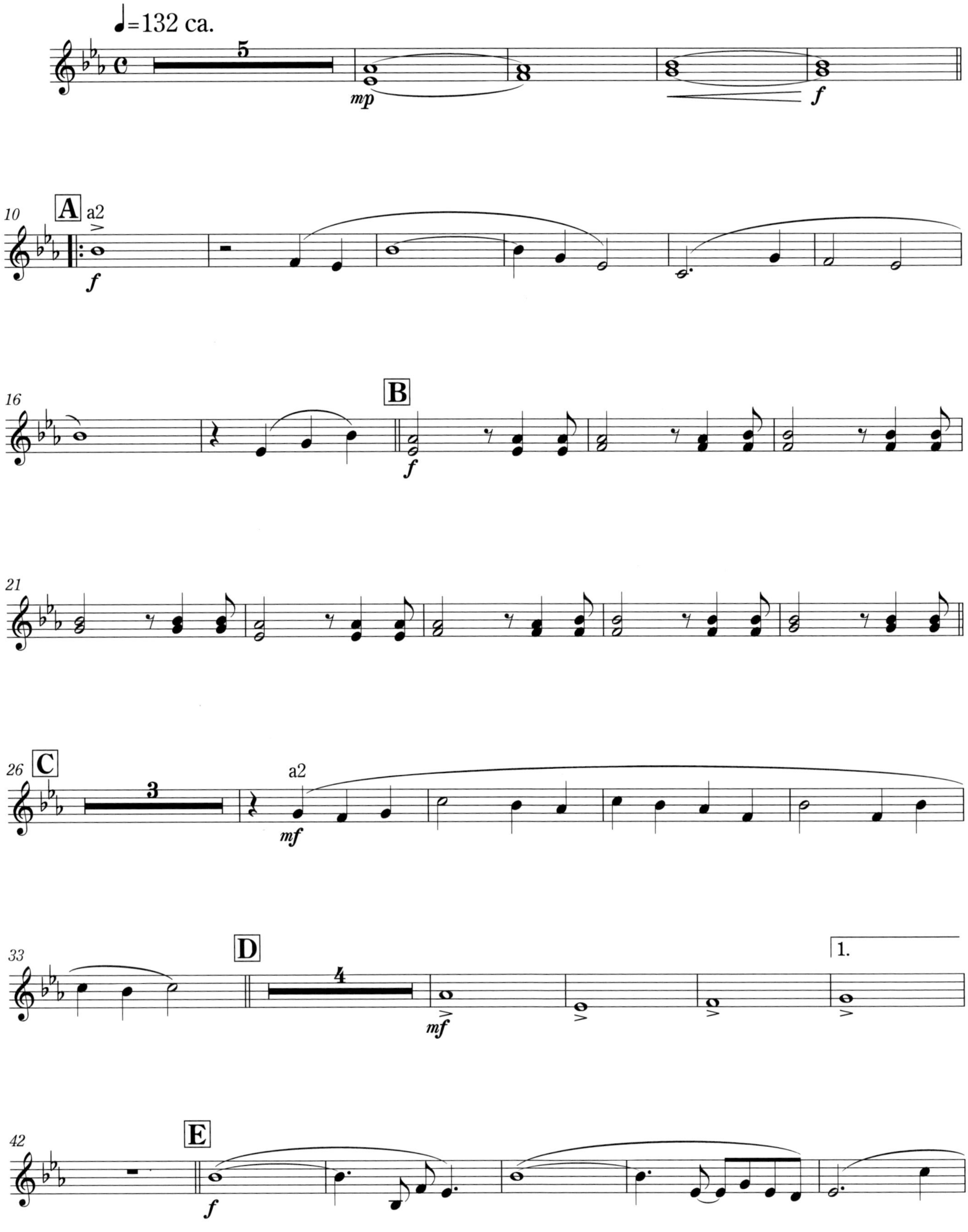

48
2.
F
9
61
G
f
67
H
7
a2
mf
79
I
f
84
J
f
90
96
K
f
101
mp

ドラマ「花のち晴れ～花男 Next Season～」主題歌

シンデレラガール

佐々木 望 / 河田総一郎 作曲
郷間幹男 編曲

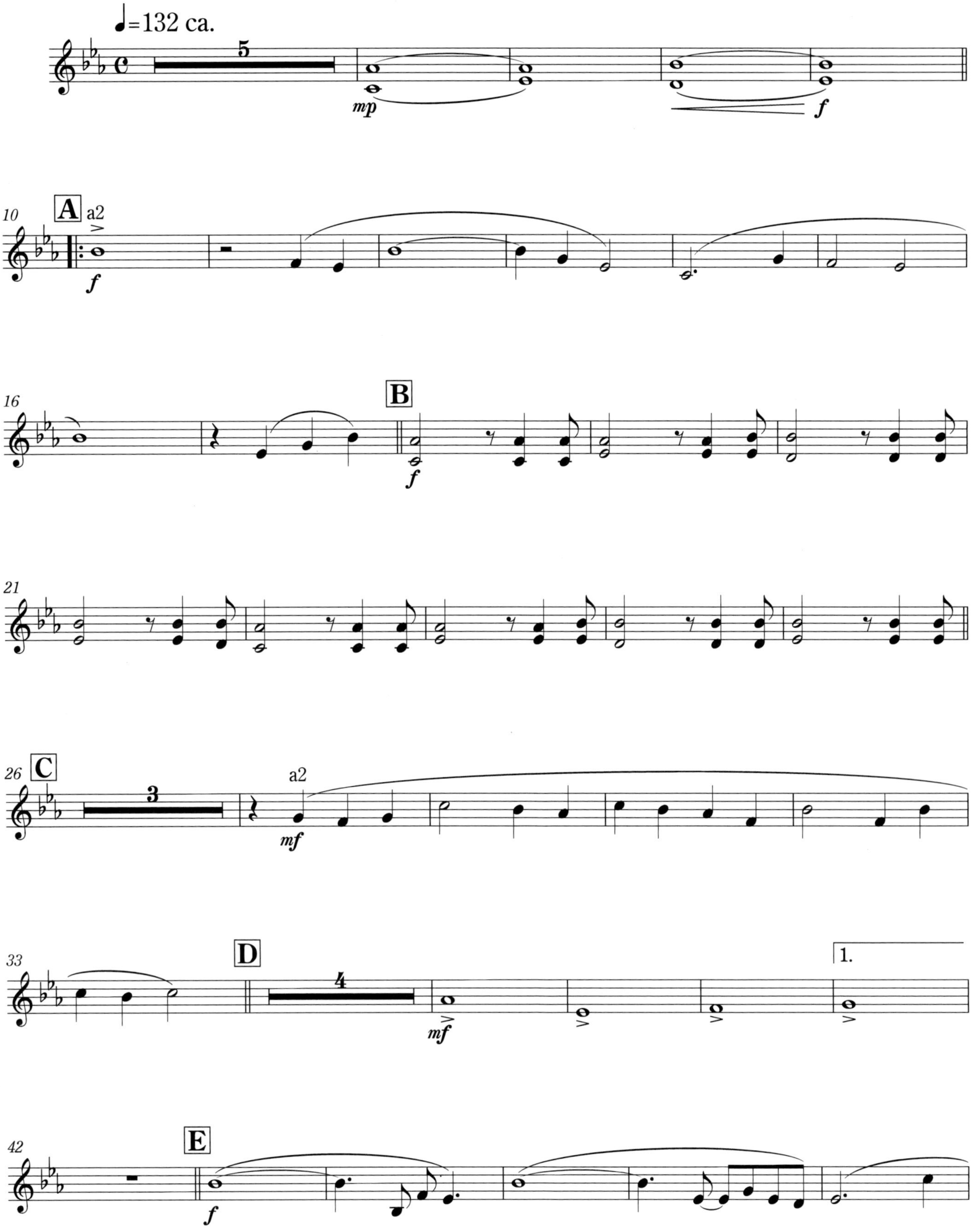

48
2.
F
9
61
G
f
67
H
7
a2
mf
79
I
f
84
J
f
90
96
K
f
101
mp

WindsScore
Spielen Musik.

ドラマ「花のち晴れ～花男 Next Season～」主題歌

シンデレラガール

佐々木 望 / 河田総一郎 作曲
郷間幹男 編曲

53
58
G
f
f
64
2
70
H
4
mp
cresc.
80
I
f
85
J
f
90
95
K
f
101
mp

WindsScore

ドラマ「花のち晴れ～花男 Next Season～」主題歌

シンデレラガール

佐々木　望 / 河田総一郎　作曲
郷間幹男　編曲

53
58
G
f
f
64
2
71
H
4
mp
cresc.
80
I
f
85
J
f
90
95
K
f
101
mp

WindsScore

ドラマ「花のち晴れ〜花男 Next Season〜」主題歌

シンデレラガール

佐々木　望 / 河 田 総 一 郎　作 曲
郷 間 幹 男　編 曲

53
58
G
f
f
64
2
71
H
4
mp
cresc.
80
I
f
85
J
f
90
95
K
f
101
mp

Euphonium

ドラマ「花のち晴れ～花男 Next Season～」主題歌

シンデレラガール

佐々木　望 / 河田総一郎　作曲
郷間幹男　編曲

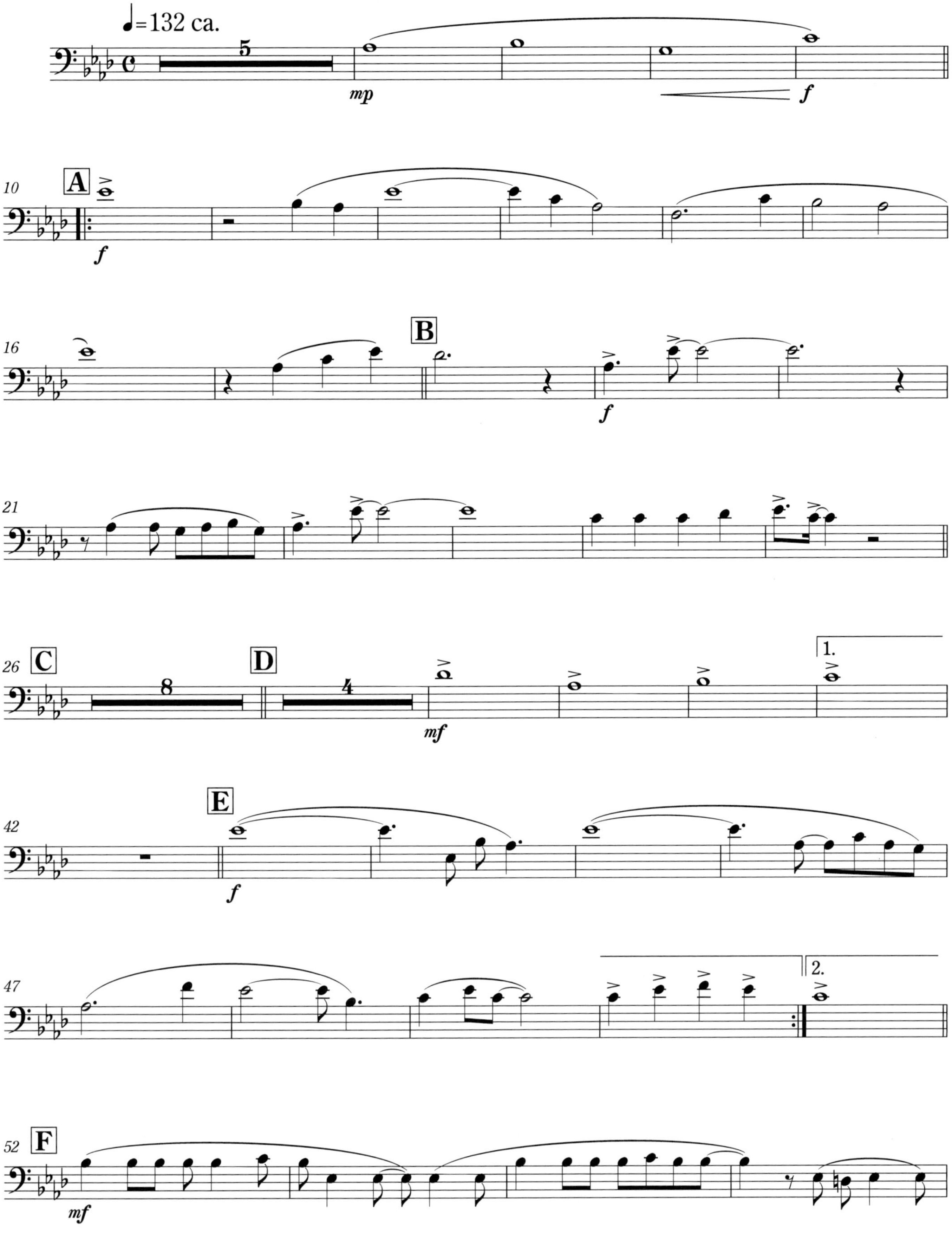

G
H
I
J
K

Tuba

ドラマ「花のち晴れ～花男 Next Season～」主題歌

シンデレラガール

佐々木　望 / 河田総一郎　作曲
郷間幹男　編曲

2.
F
mf
f
G
H
4
Opt.
mp
cresc.
I
f
J
f
K
f
mp

WindsScore Spielen Musik.

ドラマ「花のち晴れ〜花男 Next Season〜」主題歌

シンデレラガール

佐々木 望 / 河田総一郎 作曲
郷間幹男 編曲

2.
51
Fm7 A♭/E♭
F
D♭
mf
E♭7
Cm7
Fm7 A♭/E♭
56
D♭
E♭7
Cm7
Fm7 A♭/E♭
Cm7
f
61
G
D♭add9
A♭/C
B♭m7
A♭
D♭
66
A♭/C
B♭m7
Csus4
C
H
3
74
mp
D♭add9
E♭7sus4
Cm7
cresc.
Fm7 A♭/E♭
Fm7/E♭
f
80
I
D♭add9
E♭7sus4
Cm7
Fm7 A♭/E♭
D♭add9
E♭7sus4
86
Cm7
Fm7 A♭/E♭
J
D♭add9
f
E♭7sus4
Cm7
91
Fm7 A♭/E♭
D♭add9
E♭7sus4
Cm7
Fm7 A♭/E♭
96
K
D♭add9
f
E♭7sus4
Cm7
Fm7 A♭/E♭
D♭add9
101
E♭7sus4
Cm7
Fm7 A♭/E♭
D♭add9
A♭
mp

String Bass

WindsScore
Spielen Musik.

ドラマ「花のち晴れ〜花男 Next Season〜」主題歌

シンデレラガール

佐々木 望 / 河田総一郎 作曲
郷間幹男 編曲

2.
F
mf
f
G
H
pizz.
mp
cresc.
arco
I
J
K

ドラマ「花のち晴れ～花男 Next Season～」主題歌

シンデレラガール

佐々木 望 / 河田総一郎 作曲
郷間幹男 編曲

2.
51
F
mf
57
G
f
62
67
H
4
mp
76
cresc.
I
f
f
81
86
J
f
92
K
f
97
102
mp

ドラマ「花のち晴れ〜花男 Next Season〜」主題歌

シンデレラガール

佐々木 望 / 河田総一郎 作曲
郷間幹男 編曲

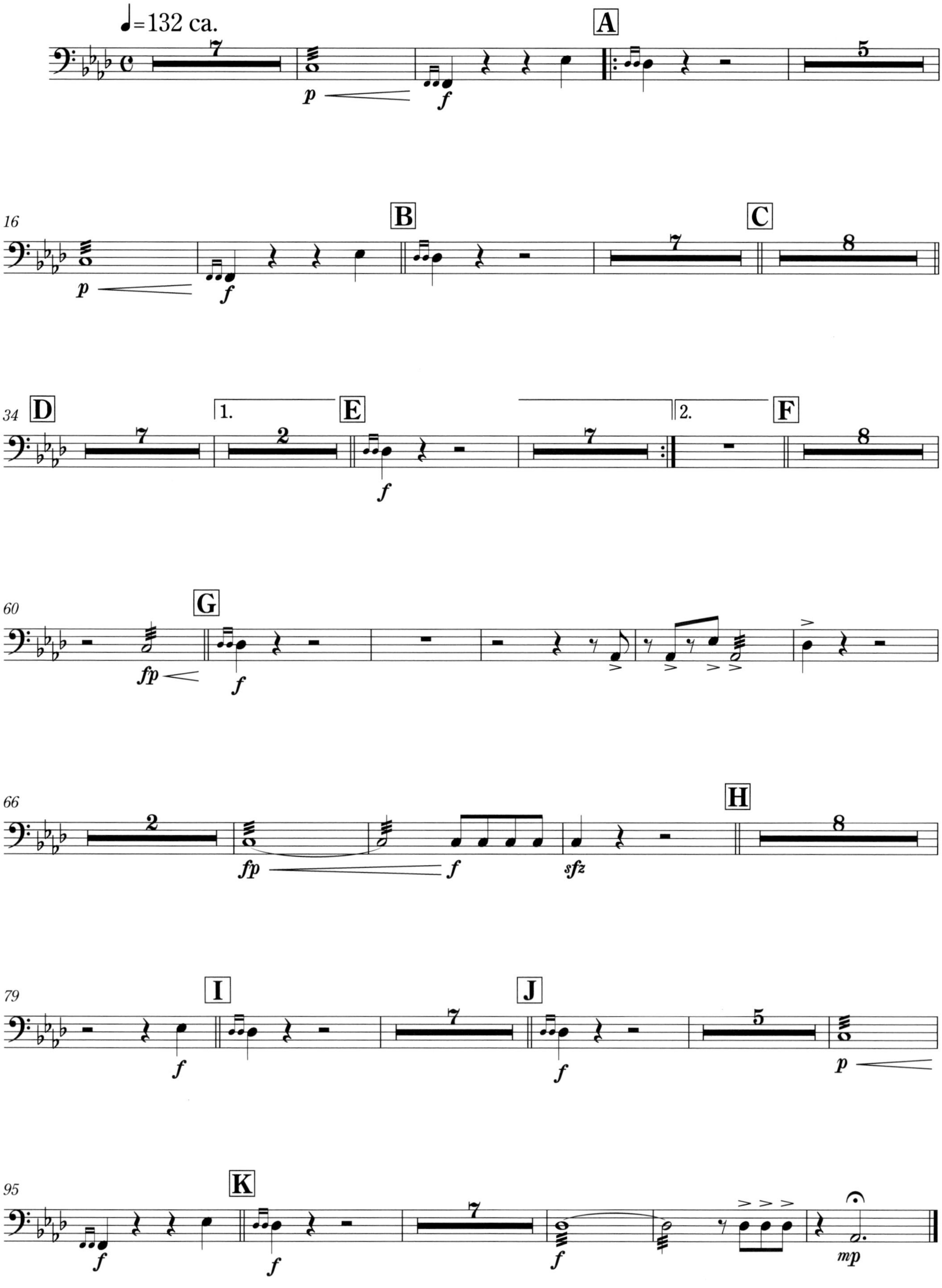

Percussion 1
Sus.Cymbal

ドラマ「花のち晴れ〜花男 Next Season〜」主題歌

シンデレラガール

佐々木　望 / 河田総一郎　作曲
郷間幹男　編曲

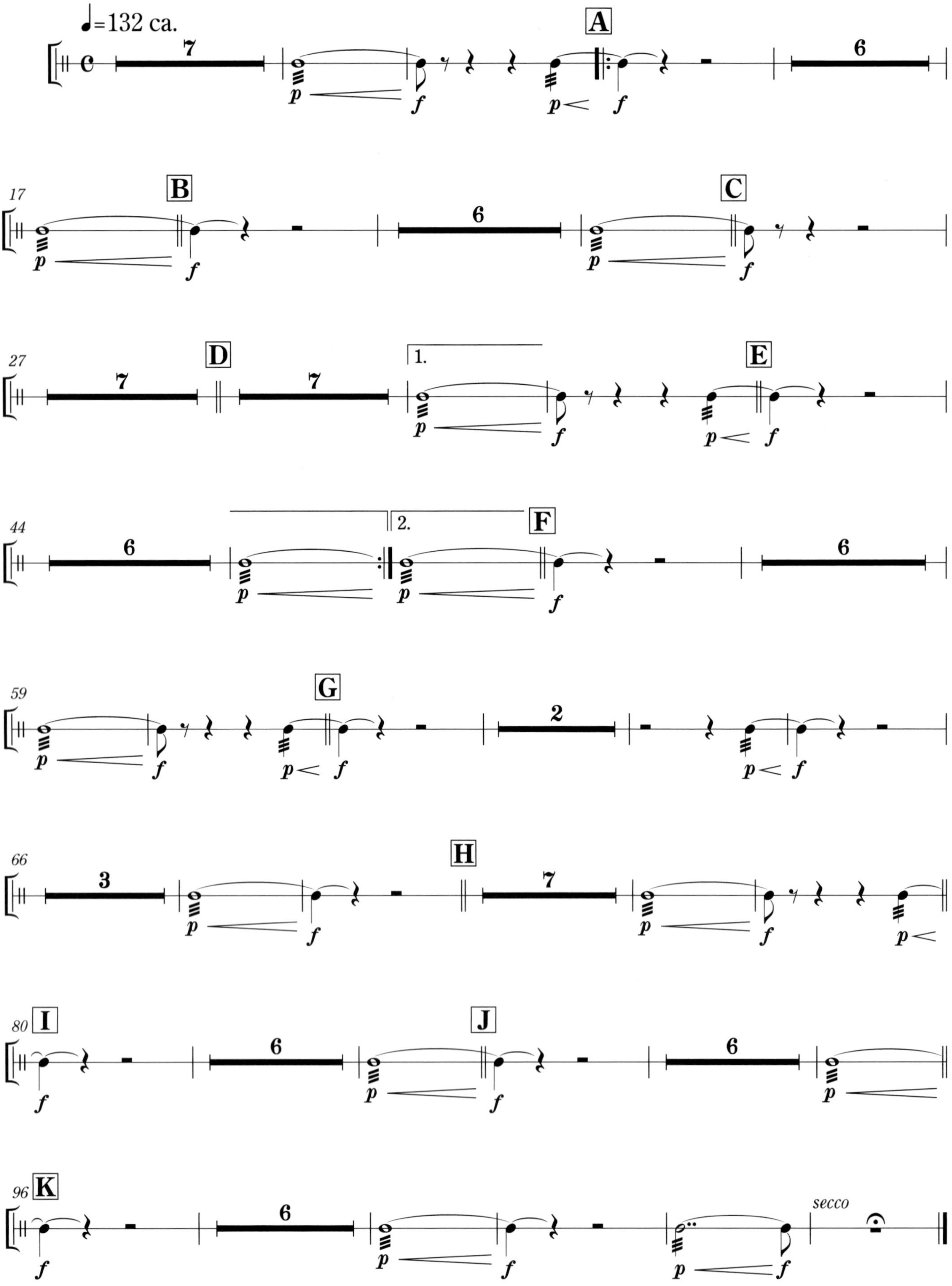

Percussion 2
Wind Chime, Tambourine

ドラマ「花のち晴れ〜花男 Next Season〜」主題歌

シンデレラガール

佐々木 望 / 河田総一郎 作曲
郷間幹男 編曲

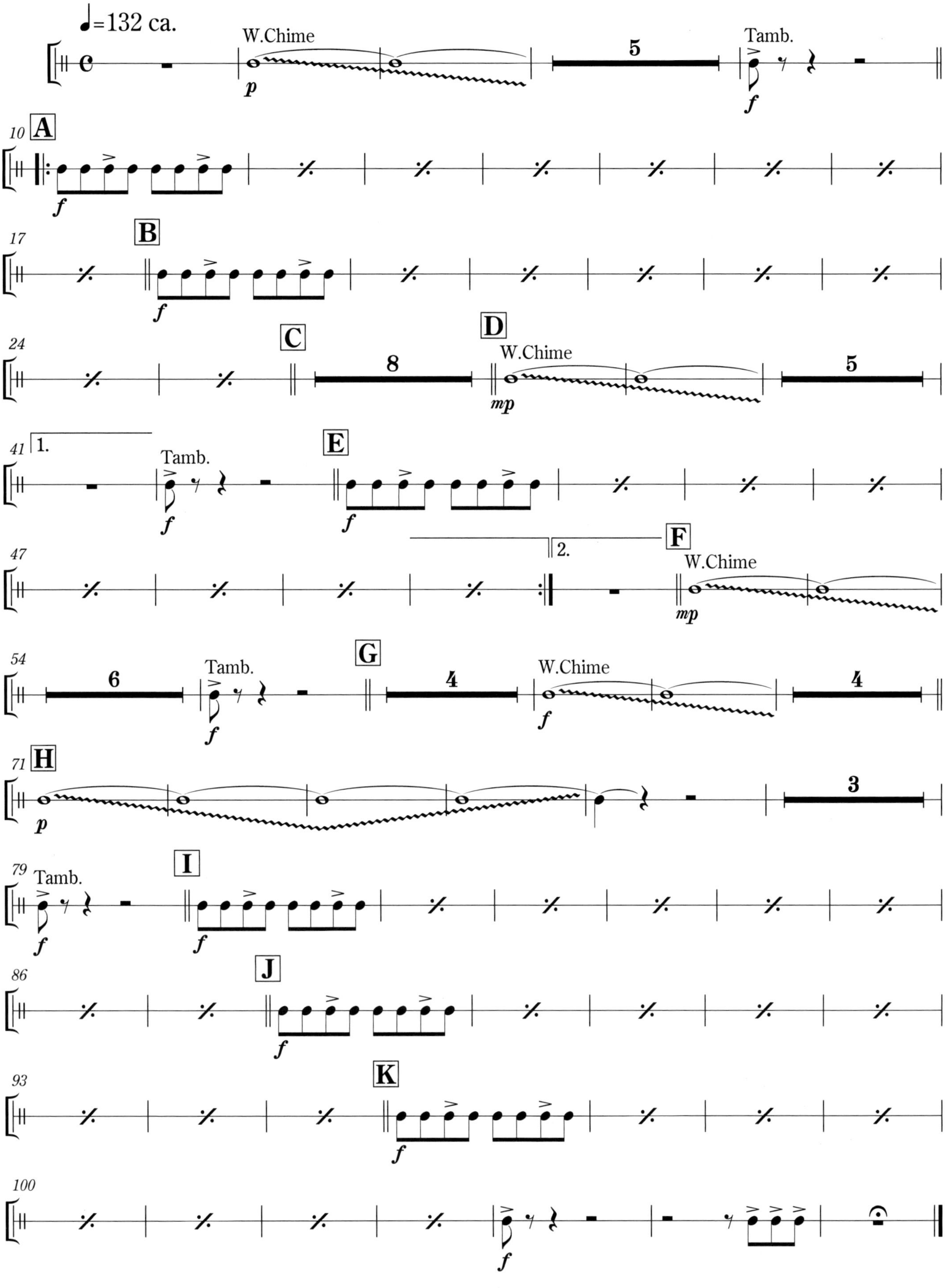

Percussion 3
Glockenspiel, Xylophone

ドラマ「花のち晴れ～花男 Next Season～」主題歌

シンデレラガール

佐々木 望 / 河田総一郎 作曲
郷間幹男 編曲